AF588823

COMMISSAIRES-PRISEURS DE MARSEILLE

Hôtel des Ventes : Rue Grignan, 53

COLLECTION

DE

Feu M. Alcide FURBY

AVOCAT

Chevalier de la Légion d'Honneur, Ancien Précepteur français du Prince de Galles

MARSEILLE

Imprimerie Samat & Cie

15, quai du Canal

1896

12 Mars 1836

COMMISSAIRES-PRISEURS DE MARSEILLE

Hôtel des Ventes : Rue Grignan, 53

Vente après décès de la collection de M. Alcide FURBY

CATALOGUE

DES

MEUBLES, TABLEAUX, PENDULES FAYENCES, PORCELAINES BIJOUX, MÉDAILLES, MINIATURES ÉMAUX, BRONZES ARMES, IVOIRES, MARBRES, DESSINS

ET OBJETS DIVERS

Dont la Vente aura lieu

DANS LA SALLE DES COMMISSAIRES-PRISEURS DE MARSEILLE

Rue Grignan, 53

Le Jeudi, 12 Mars 1896, et jours suivants, à 3 heures du soir

PAR LE MINISTÈRE

De Me Henry DELEUIL, Commissaire-Priseur

Assisté de M. Victor GUIGOU, Expert

EXPOSITION GÉNÉRALE

Les 9, 10 et 11 Mars, de 9 heures à midi et de 2 à 6 heures

EXPOSITIONS PARTIELLES

Chaque matin de 9 heures à midi, des objets à vendre dans l'après-midi.

CONDITIONS DE LA VENTE

Elle sera faite au comptant.

Les acquéreurs payeront *six pour cent* en sus des adjudications.

NOTA. — Les indications portées au présent Catalogue, ne sont données qu'à titre de renseignement, l'exposition mettant le public à même de se rendre compte de l'état, de la valeur et de l'authenticité des objets. — Il ne sera admis aucune réclamation une fois l'adjudication prononcée.

ORDRE DES VACATIONS

Jeudi 12 mars, à 3 heures

MEUBLES.................................... 1 à 49

Vendredi 13 mars, à 3 heures

PORCELAINES................................ 1 à 45

Samedi 14 mars, à 3 heures

FAYENCES................................... 46 à 104

Lundi 16 mars, à 3 heures

PENDULES................................... 1 à 6

BRONZES.................................... 1 à 40

Mardi 17 mars, à 3 heures

BRONZES (suite et fin)..................... 41 à 93

Mercredi 18 mars, à 3 heures

BOITES & BONBONNIÈRES...................... 1 à 16

EMAUX...................................... 1 à 11

MINIATURES................................. 1 à 37

Jeudi 19 mars, à 3 heures

TABLEAUX................................... 1 à 53

Vendredi 20 mars, à 3 heures

TABLEAUX (suite et fin).................... 54 à 107

Samedi, 21 mars, à 3 heures

OBJETS DIVERS.............................. 1 à 69

Lundi 23 mars, à 3 heures

BIJOUX & ARGENTERIE........................ 1 à 50

Mardi 24 mars, à 3 heures

BIJOUX & ARGENTERIE (suite et fin)......... 51 à 66

MONNAIES & MÉDAILLES....................... 1 à 16

Mercredi 25 mars, à 3 heures

ARMES & CANNES	1	à	38
CADRES	1	à	20

Jeudi 26 mars, à 3 heures

DESSINS	1	à	65

Vendredi 27 mars, à 3 heures

DESSINS (suite)	66	à	139

Samedi 28 mars, à 3 heures

DESSINS (suite)	140	à	197

Lundi 30 mars, à 3 heures

DESSINS (suite)	198	à	259

Mardi 31 mars, à 3 heures

DESSINS (suite et fin)	260	à	325

NOTA. — La vente de la Bibliothèque de M. FURBY, comprenant environ 2000 numéros, aura lieu le lundi, 13 avril 1896, à 3 heures et jours suivants.

MEUBLES

1 **Armoire** Louis XVI, bois massif, cintré, sculpté. Largeur, 1 m. 55 c. : hauteur, 2 m. 70 c.

2 **Bibliothèque-Bureau,** bois massif, Louis XV, 2 m. 30 c.: hauteur, 1 m. 05 c.

3 **Table ajourée** sculptée. style Louis XV. Longueur, 1 m. 70 c. : largeur, 90 c.

4 **Bahut** sculpté à retrait, 2 corps, style François Ier; 1 m. 90 c. sur 1 m. 35 c.

5 **Bahut** sculpté, 2 corps, à retrait, style Louis XIII, 1 m. 95 c. hauteur sur 1 m. 35 c.

6 **Bureau** à cylindre, style Louis XIII, 1 m.50 larg., sur 1 m. 18 c.

7 **Table à bureau,** style Louis XIV, 1 m. 50 c.

8 **Bibliothèque**, style moderne, noyer, 1 m. 25 larg.: 2 m.15 c.haut.

9 **Bibliothèque**, même style, mêmes dimensions.

10 **Bibliothèque,** même style, 2 m. 50 c. largeur: 2 m. 50 c. hauteur.

11 **Glace**, style Louis XIII, noyer et ébène.

12 **Casier**, style Louis XIV, 1 m. 20 c. hauteur, 1 m. 05 c.

13 **Casier à tiroir**, style Louis XIII, sculpté, 0 m. 45 c. hauteur, 0 m. 75 c. largeur.

14 **Secrétaire**, style Louis XVI, avec marbre, 1 m. 60 c. hauteur, 0 m. 95 c. largeur.

15 **Secrétaire** moderne, bois de tuya, 1 m.40, haut. sur 0 m.70 c. larg.

16 **Bibliothèque** moderne, noyer, 2 m. 40 c. haut. 1 m. 27 c. larg.

17 **Bibliothèque** sans vitres, 2 m. hauteur, 2 m. largeur.

18 **Bureau-ministre**, avec casier, 1 m. 50 c. largeur, 1 m. hauteur.

19 **Coffre** sculpté, style François Ier, 1 m. 60 largeur, 60 c. haut.

20 **Coffre** sculpté, style Louis XIII, 1 m. largeur, 60 c. hauteur.

21 **Table**, style Louis XIII, noyer.

22 **Siège**, style Louis XIII sculpté.

23 **Paravent**, style Louis XIII, soie et brocatelle.

24 **Cadre guilloché**, bois d'ébène, style Louis XIII, 1 m. hauteur, 90 c. largeur.

25 **Commode**, style Louis XV, mosaïque, bois de rose, avec cuivre et marbre polychrome.

26 **Commode**, style Louis XV, mosaïque, bois de rose, et palissandre, marbre Tholonet.

27 **Bureau**, style Louis XIII, avec casier, 1 m. 30 larg. 90 c.

28 **Glace** bizautée, cadre bronze, style Louis XV.

29 **Fauteuil à Coffret**, style Louis XIII.

30 **Glace**, style Louis XIII, ébène guilloché, 70 c. haut., 1 m. 30.

31 **Secrétaire** moderne, noyer.

32 **Glace**, style Louis XIII, avec écaille et cuivre, 60 c. sur 52 c.

33 **6 Fauteuils et Canapé**, style Louis XVI, sculpté et tapisserie.

34 **2 Bergères**, style Louis XVI, sculptées et tapisserie.

35 **2 grandes Bergères** avec tapisserie.

36 **2 Bergères** sculptées.

37 **2 Fauteuils** sculptés, style Louis XVI, mosaïque.

38 **Ecran** avec personnages à petit point, 90 sur 60 c.

39 » » tapisserie, 1 m. 10 sur 66 c.

40 » » » 1 m. 15 sur 75 c.

41 **Bibliothèque** en acajou, sans vitres, 2 m. 50 larg. sur 2 m. 50.

42 **Table** mosaïque, style Louis XIV.

43 **Table**, style Louis XIII.

44 **Table**, style Louis XVI.

45 **Fauteuil** sculpté, forme gigot, style Louis XIII.

46 **4 Chaises**, 1 fauteuil, 1 canapé, style Louis XIII, à gigot.

47 **Lit**, style Louis XVI.

48 **Coffret** fleurdelisé, style gothique.

49 **Coffret** avec moulures.

PORCELAINES ASIATIQUES

(CHINE, JAPON, CAMBODGE, SIAM)

1 **Paire Vases** vieux Chine craquelé, décor bleu.

2 **Paire Vases** Chine craquelé, décor bleu.

3 **Paire Vases** vieux Chine avec figures.

4 **Paire Vases** » » avec guerriers.

5 **Brûle-Parfum** vieux Satzouma provenant du pillage du Palais d'Eté de l'empereur de la Chine, cadeau fait à l'empereur de la Chine par le Mikado.

6 **Paire de Socles** vieux Satzouma.

7 **Vase** vieux Chine avec sujet.

8 **Paire Vases** cloisonnés de Pékin.

9 **Paire Vases** cloisonnés, vieux Pékin.

10 **Boîte** vieux cloisonné Chine.

11 **Paire de Grands Ronds** cloisonnés de Pékin.

12 **Brûle-Parfum** avec statuette sur le couvercle (œuvre du quatorzième siècle).

13 **Grande Soupière** vieux Chine.

14 **Grand Plat** vieux Chine avec sa monture.

15 **Vase** japonais ancien, avec figures et ornements.

16 **Paire grands Vases** de Chine, anciens,

17 **Paire Vases** chinois anciens avec décor.

18 **Pot** ancien chinois avec figure sur le couvercle.

19 **Pot** ancien chinois fond vert et ornementé, avec couvercle.

20 **Statuette** porcelaine blanche siamoise.

21 **Deux Statuettes** (en couleur), du Cambodge.

22 **Grand bol** chinois avec ornements.

23 **Paire Vases** vieux Satzouma, forme originale.

24 **Paire Vases** vieux, cloisonnés, fond vert.

25 **Quatre Assiettes et Pot à Eau.** Chine (5 pièces).

26 **Bol et Sucrier** Chine.

27 **Deux Assiettes** vieux Chine.

28 **Plat** Japonais, décor bleu (avec les six marques).

29 **Plat** vieux Chine.

30 **Grand Bol** vieux Chine.

31 **Grand Plat** vieux Chine, oiseaux et fleurs.

32 **Grand Plat** vieux Chine, riches décors, 43 c. diamètre.

32 bis **Grand Plat** » » avec décor bleu, fleurs et oiseaux.

32 ter **Plat** décor bleu.

PORCELAINES ANGLAISES

33 **Service à dessert** de Crown Derby composé de 20 assiettes, 2 plats en forme dè cœur, 4 plats à forme coquille, 4 plats à forme losange ; magnifique décor fleurs.

Marque jaune : Une couronne au-dessus d'une croix et trois points dans chaque angle de cette croix, au-dessous de laquelle est un D majuscule.

Cette marque a été employée depuis environ 1780 par les Duesbury et continuée jusqu'en 1830, quelquefois la croix est omise et la seule marque consiste à une couronne et au D.

La valeur de ces *porcelaines ne peut être comparée* qu'aux plus belles de *Sèvres de la même époque*.

33 bis **Service à Thé** marque S, décor bleu et or, sujet chinois : 6 soucoupes, 6 tasses, 1 théière, 1 grande tasse, 1 grande soucoupe.

33 ter **Deux Plats** décor bleu, sujet chinois anglais.

PORCELAINES DIVERSES

34 **Service de Table** porcelaine de Creil Montoreau, décor bleu : 1 soupière, 2 légumiers, 2 saladiers, 2 saucieres, 2 moutardiers, 4 grands plats, 1 plus profond d'ovale, 4 grands plats ronds, 4 raviers, 10 ronds de serviettes, 2 salières, 18 assiettes à soupe, 4 douzaines et demie assiettes plates, 3 douzaines assiettes à dessert, 8 plats dressoirs, 1 grand plat de milieu. (En tout, 151 pièces.)

35 **Douzaine assiettes** blanches fayence française avec festons noir et jaune.

36 **Sucrier et sa soucoupe.** Bouquets de fleurs et dorure (Saxe).

36bis **Choux et sa soucoupe** (Saxe).

37 **Pot à eau** et sa cuvette, *Porcelaine française*, décor doré, style Louis XVI.

38 **Tasse et sa soucoupe.** Médaillons avec sujets et inscription fidélité (Saxe).

39 **Tasse et sa soucoupe.** Bouquets de fleurs (Niedervillier).

40 **Corbeille** ajourée, fleurs peintes en relief (marque C).

41 **Plat** ajouré. Décor cerises, poires, radis (Saxe).

42 **Corbeille** ajourée, simple décor rouge et bleu (fayence).

43 **Grand Plat** persan 37 c. diamètre, fleurs et ornements.

44 **Tasse et soucoupe,** décor bleu (Saxe).

45 » » décor rouge bleu et doré (Saxe).

FAYENCES DIVERSES

46 **Cache-Pot**, polychrome et mascarons. Moustiers.

47 » » Décor bleu » Moustiers.

48 **Petit Cache-Pot**, décor jaune-citrin et mascarons. Moustiers.

49 **Plat**, forme rectangulaire, décor polychrome. Moustiers.

50 » ronde » » Moustiers.

51 » » » » Moustiers.

52 **Paire Cache-Pots**, décor vert et mascarons. Moustiers.

53 **Plat ovale**, avec grotesques. Moustiers.

54 » » » » Moustiers.

55 **Paire souliers**, décor jaune et bleu, fond blanc. Moustiers.

56 **Compotier**, décor polychrome. Moustiers.

57 **Cache-Pot**, » » et mascarons. Moustiers.

58 **Pot**, école de Rouen, décor polychrome. Moustiers.

59 **Plat** à canaux, riche décor bleu, sujet représentant la cueillette des pommes, jeune fille et enfants, 29 c. diamètre, marque R. et quatre points aux quatre angles. Rouen.

60 **Ecuelle** et son couvercle fleurs polychromes (Strasbourg).

60 A **Deux tasses** et leur soucoupe.

61 **Deux Cache-Pots**, fleurs polychromes (Strasbourg).

62 » » » » » .

63 **Deux Plats** carrés, fleurs polychromes (Strasbourg).

64 » » » » » »

65 **Deux Pots** avec écussons, manteau d'hermine, surmonté d'une couronne, 1794 (fayence de Montpellier).

66 **Deux Pots** avec écussons, manteau d'hermine, surmonté d'une couronne, 1794 (fayence de Montpellier).

67 **Bocal Pharmaceutique**, décor bleu, avec l'inscription suivante : *(Aquensis, pro Si Jacobi Nosodochisi pharmasopolis) monasteriis opera*, p. Clérissi. Marseille.

68 **Cache-Pot** mascarons, décor Bérain. Marseille.

69 **Sucrier**, décor polychrome. Médaillon représentant Geneviève de Brabant et sa biche. Marseille.

70 **Grand Plat**, fleurs et papillons polychromes. Marseille.

71 **Jardinière**, fleurs polychromes. Marseille.

72 **Cache-Pot**, mascarons et médaillons, dont l'un représente la toilette de Diane, l'autre des enfants qui s'amusent. Marseille

73 **Assiette** avec blason héraldique et couronne comtale, armoiries du comte de Castellane (veuve Perrin). Marseille.

74 **Deux soucoupes** et une tasse fleurs.

75 **Plat**, décor bleu.

76 **Bouquetier**, fleurs polychromes. Marseille.

77 **Paire de vases** ajourés (fayence de Strasbourg), style Louis XV. Hauteur des vases 37 c.; 2 médaillons à chaque vase 9 c. largeur, 8 h. Médaillons entourés d'une guirlande de fleurs attachée par un ruban et encadrée par un filet doré. Ces médaillons, en camaïeu rouge violacé, représentent des scènes dans le genre de Boucher : berger jouant du chalumeau aux pieds de sa bergère ; la pêche, sous les traits d'un jeune homme présentant un poisson à une jeune fille qui pêche à la rivière ; jeunes berger et bergère gardant leur troupeau ; pastorale : *Bouquets de grandes fleurs en haut reliej sur chaque côté des vases ainsi que sur le couvercle.*

78 **Cache-pot**, mascarons et fleurs (Varages).

79 **Paire de chandeliers** fayence Louis XV.

80 **Dressoir** armorié, décor bleu.

81 **Flambeau** tenu par un jeune garçon. Porcelaine moderne.

82 **Plat** de Delft, décor bleu, rouge et doré. Marque jaune.

83 **Grand Plat** fayence blanche, décor bleu. Médaillon avec sujet champêtre et ornement léger sur le marly. Sans marque. 52 c. de diamètre.

84 **Grand Plat**, décor bleu, arabesques et grotesques. 38 c. de diamètre. Ecole de Moustier.

85 **Plat** fayence (médaillon 16 c.). Portrait de Louis XIII. Longue perruque, grand rabat, manteau d'hermine, costume bleu avec grand croix du Saint-Esprit. Marly, 6 c. Avec arabesques, chimères, syrènes, cigognes, petits médaillons avec portraits, têtes de chérubins ailés. 28 c. de diamètre. Marque noire.

86 **Grand Plat** de chasse. 54 c. de diamètre, décor bleu. Médaillon 30 c., représentant Enée fuyant l'incendie de Troie, portant son père Anchise (chargé de ses dieux) sur ses épaules, accompagné de sa femme et de son fils. Quatre médaillons de chasse sur le marly. Quatre autres médaillons moins grands, trois d'animaux et le quatrième un blason armorié surmonté du heaume. Le dessin du grand médaillon rappelle un groupe de figures emprunté à la composition de Raphaël dans l'incendie du bourg. (Clérissi.) Marseille.

87 **Grand Plat** fayence italienne, décor polychrome. 41 c. de diamètre. Le médaillon, 11 c., représente une femme.

88 **Plat**, décor polychrome. Italien.

89 **Bénitier**. Majolique italienne.

89 A **Salière**. Majolique italienne.

90 **Un Pot**, décoration polychrome. Majolique italienne.

91 **Deux petits pots** décoration polychrome. Majolique italienne.

93 **Un Pot**, décoration polychrome. Majolique italienne.

94 **Deux Pots**, décor polychrome.

95 **Deux Pots** avec portraits. Décor polychrome.

96 **Statuette** Flore, fayence d'Apt.

97 **Plaque** des Abruzzes. Paysage, figure et architecture.

98 **Coupe**, décor polychrome. Médaillon portrait de Laure. Fayence de Gubio, 20 c. de diamètre à reflet métallique.

99 **Plat** de Cafaggiolo, 30 c. de diamètre, creux et gauffré. Ornementation polychrome de la Renaissance, au milieu, un homme nu présentant un linge devant un feu.

100 **Plat** fayence d'Urbino représentant l'enlèvement de Ganymède, d'après le dessin de Raphaël. Sur le derrière inscription bleu : Ganimedo. Fayence du XVIe siècle.

101 **Plat** fayence d'Urbino à canaux, représentant Vasco de Gama présentant à un doge de Venise les compagnons de ses voyages. Fayence du XVIe siècle. Marque noire signée *Li fratelli de hiofesso A*. Au-dessous armoirie encadrée par un cadre du style du XVIe siècle.

102 **Petit Pot** grès-cérame, couvercle étain, émail bleu.

103 **Pot** grès-cérame couvercle étain, émail bleu.

104 **Paire Vases** fond jaune, imitation de Chine, fabrique de Paris.

PENDULES

1 **Pendule** boule, style Louis XIV, écaille rouge, ornements bronze doré, surmontée d'un vase (de Jonard, Paris).

2 **Pendule** style Empire, bronze doré, Génie tenant une devise portant le nº 90. Base avec bas-reliefs, d'après les dessins de Prud'hon (Charles Rolland, Marseille).

3 **Pendule** style Louis XIV, ornements et incrustations bronze doré (Thuret, Paris).

4 **Pendule** Cartel (Boule), style Louis XIV, avec sujet mythologique surmontée d'un coq. Hauteur : 32 c.

5 **Pendule-réveil.**

6 **Magnifique Pendule** style Louis XVI, ayant appartenu à Napoléon 1er, provenant du château de la Malmaison.

Cette pendule, en bronze doré et ciselé, représente une lyre ajourée, dominée par un soleil placé entre les deux bras, dont les volutes sont ornementées par des guirlandes de roses. Le cadran, signé : Fettimer, Paris, est entouré de deux serpents dont les têtes semblent vouloir se réchauffer aux rayons du soleil. La lyre repose sur un socle rond cannelé et perlé. Deux jolies statuettes drapées mi-corps représent le Jour et la Nuit, elles sont placées de chaque côté du cadran. La base de la pendule est un marbre vert antique.

L'aigle de style (neo-Romain) aux ailes déployées tenant dans ses serres la foudre, a été placée quelques lignes en avant de la lyre à laquelle elle se trouve reliée par une guirlande de roses qui entoure les ailes de l'aigle.

Hauteur totale de la pendule.	60 c.
Largeur....................	45 c.
Hauteur de l'aigle...........	11 c.
Hauteur du socle marbre	9 c.

BRONZES

1 **Grand Vase** japonais, bronze avec socle.

2 **Statuette**, divinité, bronze japonais.

3 **Statuette** de guerrier, bronze japonais.

4 **Statuette** assise, bronze japonais.

5 **Statuette**, divinité agenouillée, tenant en main un arbre, bronze doré japonais.

6 **Dragon** supportant un vase, bronze japonais, 95 c. hauteur.

7 **Boudha**, bronze japonais.

7A **Boudha** japonais, bronze dit Shibouitshi, parce que ce bronze contient de l'argent.

8 **Paire** vases, supporté par un dragon.

9 **Paire** vases, supporté par un dragon.

10 **Paire** vases, avec animaux fantastiques.

11 **Un Vase** ovale, figures en relief sur la panse, dragon sur le couvercle.

12 **Brûle-Parfum** japonais ancien, surmonté d'une Chimère.

13 **2 Brûle-Parfums** japonais, faisant pendant.

14 **Boudha** Cambodgien.

15 **Poule et Coq** japonais.

16 **Petit brûle-parfum** surmonté d'une Chimère.

17 **Paire** de vases japonais.

17A **Plat**, bronze japonais antique.

18 **Boudha** asiatique.

19 **Boudha**. — Le Boudha de l'agriculture adoré sur les autels de la Chine, portant son fagot de riz et regardant le ciel afin de s'inspirer de grandes pensées pour inscrire sur ses tablettes l'amour du producteur pour son prochain. Bronze d'or. Boudhique japonais d'une très haute antiquité.

20 **Vase plat**, bronze japonais avec mascarons.

21 **Paire vase** bronze antique japonais.

22 **Animal** fantastique. Petit bronze japonais.

23 **Petite chimère** chinoise.

24 **Chien**, bronze d'argent dit Shibouitschi japonais.

25 **Vase** à trépieds. Bronze du XVIe siècle italien.

26 **Guerrier**, bronze antique romain.

27 **Diablotin**, bronze, époque gothique.

28 **Mercure**, bronze romain.

29 **Saltimbanque**, Gallo-Romain.

30 **Lampe romaine**, bronze antique.

31 **Enfant assis**, époque du XVIe siècle italien, bronze

32 **Vénus**, bronze antique.

33 **Statuette** romaine, enfant, bronze.

34 **Le Gladiateur**, bronze, Gallo-Romain.

35 **Le Gladiateur**, bronze Romain.

36 **Pomone**, bronze antique.

37 **Dame romaine**, bronze antique.

38 **Portrait de Vercingétorix**, bronze.

39 **Buste de Lord Byron**, bronze.

40 **Vierge et Enfant Jésus**, bronze.

41 **Petit Christ**, bronze.

42 **Vénus de Milo**, petit bronze.

43 **Saint Joseph et l'Enfant Jésus**, bronze.

44 **Grenouille**, bronze.

45 **Plaquette**, bronze du XVIe siècle, représentant la mort de Lucrèce.

46 **Djin**, étalon barbe, bronze de Mène.

47 **Cerf**, bronze de Mène.

48 **Chien**, » »

49 **Chasseur Écossais**, bronze de Mène.

50 **Cerf**, presse-papier, bronze de Barye.

51 **Tortue**, bronze de Barye.

52 **Lapin,** bronze de Barye.

53 **Mouton,** presse-papier, bronze Barye.

54 **Sujet bachique,** bronze, presse-papier.

55 **Danseur,** bronze.

56 **Danseuse,** bronze.

57 **Buste** de Turenne, socle marbre et bronze.

58 **Buste** de Dugay-Trouin, socle marbre et bronze.

59 **Un médaillon** bronze, saint Pierre et saint Paul.

60 **Un médaillon** bronze, » »

61 **Deux petits médaillons** ovales, bronze Portraits faisant pendant.

62 **Buste de Niobé,** bronze du XVIe siècle Italien.

63 **Casque** bronze, presse-papier.

64 **Christ en croix,** bronze époque du XVe siècle.

65 **Trois plaquettes,** cuivre ciselé doré, style Empire, garniture de meuble.

66 **Génie de la peinture,** bronze.

67 **Buste d'Homère.** »

68 **Bacchus,** »

69 **Buste de Bossuet,** »

70 **Enfant assis** sur une gargoulette, signé Barrias 1877, bronze de Barbedienne.

71 **Porte-Allumettes,** bronze, tête de Bacchante.

72 **Buste d'Homère,** bronze.

73 **Statuette** Louis XIV en costume d'empereur romain, bronze.

74 **Le professeur d'escrime.—** L. Madrassis, bronze.

75 **Statuette.** — *L'harmonie*, de Carrier-Belleuse.

75 A **Médaillon,** portrait d'homme.

76 **2 Appliques** dorées Louis XV à 2 lumières.

77 **2 Appliques** Louis XIV à 1 lumière.

78 **2 Fambeaux** à vases, style Louis XVI.

79 **2 Torchères** à 5 lumières, cuivre doré sur fût de granit rouge noir.

80 **Paire flambeaux**, cuivre, Louis XVI.

81 **Paire flambeaux** Louis XV.

82 **Paire flambeaux**, style Empire.

83 **Paire flambeaux**, style Empire, canelure.

84 **Cadre**, bronze ornementé.

85 **Paire flambeaux** Louis XVI.

86 **Mortier** et son pilon, époque romane, mascarons et fleurs de lys.

87 **Mortier** » époque du XVe siècle, cariatides et ornements.

88 **Mortier** » » » fleurs de lys et mascarons.

89 **L'Esclave Africaine**, signé Bonsans.

90 **Bénitier**, croix couronnée d'épine, têtes de chérubins, bronze.

91 **Bénitier**, avec bas-relief, bronze incomplet.

92 **Médaillon**, portrait du duc d'Orléans.

93 **Buste** de jeune fille riant, signé Thibautier, bronzier.

BOITES ET BONBONNIÈRES

1 **Boîte écaille** noire cerclée d'or. Miniature représentant une baigneuse.

2 **Boîte buis**, sujet champêtre et blason émaillé sur le revers.

3 **Bonbonnière émail** Saxe, forme de cœur, fermeture cuivre doré.

4 **Bonbonnière émail** Saxe, avec sujets mythologiques sur toutes les faces extérieures ; à l'intérieur portrait d'une reine.

5 **Deux Bonbonnières** verre Venise avec fleurs blanches émail.

6 **Bonbonnière émail** Saxe, sujets à la Watteau sur toutes les faces extérieures. A l'intérieur portrait de Mme de Pompadour tenant un chien sur ses genoux.

7 **Bonbonnière émail** bleu décoré de fleurs.

8 **Boîte ivoire**. Portrait miniature de Marie-Stuart, contenant un fragment d'un costume de cette reine.

9 **Boîte cuivre** ciselé et doré, style Louis XVI. Attributs divers.

10 **Boîte ivoire** cerclée d'or. Portrait de femme.

11 **Boîte écaille** noire. Portrait de femme cerclé d'or.

12 **Boîte**. Portrait bois, monture or.

13 **Boîte émaillée** avec sujets de chasse sur les quatre faces. Portrait en relief sur le dessus, entouré de verdure où apparaissent des têtes de chiens.

14 **Etui laque** (rouge Marie-Antoinette ,) décoré d'amours en camaïeu gris jaunâtre, garniture or.

15 **Bonbonnière verre**, fleurs émaillées bleu.

16 **Boîte ivoire** vert, ornements ciselés.

ÉMAUX

1 **Adolorata** buste. Email limousin, signé : Laudin.

2 **Vierge et Enfant Jésus** buste. Email limousin.

3 **Ste-Thérèse et l'Ange de la Foi** buste. Email limousin.

4 **Ste-Thérèse en prière**, buste. Email limousin.

5 **L'Adoration des Rois**. Email italien XVIIe siècle, cadre argent et filigramme orné de différentes pierres de couleur taillées.

6 **Plaque émaillée byzantine** du XIIe siècle représentant la mise au tombeau du Christ. Tête de personnages relief et cuivre, celle du Père Eternel argent.

7 **Tryptique byzantin** XIIe siècle. Christ en croix, bronze, encadré par une frise émaillée. Les volets sont ornés intérieurement de quatre personnages. Les auréoles ainsi que le bois de la croix émail bleu. L'inscription et le bas de la croix en émail vert. Hauteur du typtique 15 c. 1/2. Largeur 13 c. 1/2.

8 **Magnifique émail** de Limoges (forme ovale), par Junoit de Littes. — Adoration des Bergers, grisaille rehaussée d'or. Le marli qui entoure le sujet est ornementé par des oiseaux et des fleurs émail translucide. — Traduit de l'étiquette du catalogue de la vente qui eut lieu à Edimbourg, il y a 38 ans environ. Longueur 30 c. 1/4. Largeur 20 c. 1/4. 5 c. bordure.

9 **Ciboire** cuivre ciselé et doré, 6 émaux, figures et blason. Epoque du XVIe siècle.

10 **Ciboire** cuivre ciselé et doré, 6 émaux. Le Christ en croix et les saintes femmes. Epoque du XVIe siècle.

11 **Plaquette** cuivre ciselé et doré, haut relief. Christ en croix. Les deux saintes femmes; au bas de la croix le pécheur qui implore le pardon, fond en partie azur fleurdelisé, au-dessus de la croix les astres du firmament.

MINIATURES

1 **Heinsars**. — *Portrait de Femme*. Cadre argent ciselé. Style Louis XV.

2 **Goya**. — *La guitariste*.

3 *La Dame à l'Ecureuil*.

4 *Portrait de Femme*.

5 » *d'Homme*. Epoque Louis XV.

6 » *d'Abbé*.

7 » *de Femme*. Vue de face, mi-corps.

8 » *de jeune Fille*. Epoque Empire.

9 » *d'Homme*. Epoque Henri II. Miniature à l'huile.

10 » *de Léda*.

11 » *de Diane*.

12 » *d'Homme* (Dessin).

13 » » (d'après Lancret).

14 » *de Femme*. Louis XIV.

15 *Vierge et Enfant-Jésus*. Cadre cuivre avec anges bas-relief.

16 *Portrait d'Homme*. Epoque Louis XVI.

17 » » Ecole Allemande.

18 » *de Femme*. Signé Vincent.

19 *Adoration de l'Enfant-Jésus*.

20 *Portrait de Femme*. Epoque Louis XVI.

21 » *d'Homme*. Epoque Louis XIII.

22 » » Epoque Louis XIV.

23 *Miniature à double face*. Sur étoffe brodée.

24 *Portrait de Femme*, avec chapeau et plumes.

25 *Vénus, Satyre et Amour* (fond paysage).

26 *Portrait de Napoléon Ier* (David).

27 » *d'un Conventionnel*.

28 *Portrait d'un Conventionnel.*

29 » *de Buonaroti.*

30 » *de Femme.*

31 » *d'Homme.* Epoque Louis XIV.

32 » » (Ferdinand Bol).

33 » *de Moine.*

34 *Portrait.*

35 » de Louis XVII.

36 *Scène familière* (d'après Fraudebergue). Imitation moderne sur soie.

37 *Scène familière* (d'après Fragonard). Imitation moderne sur soie.

TABLEAUX

1 **Antonello de Messine** (d'après).— *Portrait d'homme.*

2 **Albert Kuyp.**— *Vache et chèvre au repos*

3 **Baudoin.**— *Portrait d'une Dame de la cour et du Dauphin,* - première époque Louis XVI.

4 **Berchem.** — *Moutons au repos.*

5 **Ferd. Bol.** — *Le Christ ressuscitant le fils de la veuve.*

6 **Billet.**— *Léda,* vue de dos.

7 **Boucher.** — *Allégorie.* — Nombreux personnages : femmes, guerriers, monuments.

8 **Bridel** (Le chevalier). — *Paysage.*

9 **Brauwer.** — *Intérieur bachique.*

10 **Sébastien Bourdon.** — *Portrait d'homme.*

11 **Breughel.** — *Paysage avec figures.*

12 » *Paysage avec figures.*

13 » *Paysage-marine avec figures et animaux.*— Peint sur cuivre.

14 **Boërs.**— *Intérieur de Cabaret.* — Fumeurs et buveurs. Types de figures caractéristiques.— Sur bois, haut. 31 1/2.—26 1/2.

15 **Boërs.** — *Intérieur de Cabaret.* — Groupe de fumeurs, femme assise préparant le dîner. Figure d'homme qui apparait à une fenêtre.

16 **Decamp.** — *Marché aux fruits* (esquisse).

17 *Portrait d'homme* (Ecole de Largilière).

18 **Delafosse.**— *Vénus et ses Nymphes,* belle composition.

19 **Danloux Pierre.**— *Si je te tenais,* tableau gravé par Belgambe, ayant appartenu au fermier général de Préminville. Peint sur bois, hauteur 19 c. 1/2 — 15 c. 1/2.

20 **Decker.**— *Paysage.* – Ferme au bord d'une rivière.

21 **Everdingen.** — *La bataille de Gravelines.* — Abordage de galères contre de nombreux vaisseaux. Troupes faisant

feu de leurs mousquetons contre les navires de haut bord. Toile signée de son monogramme sur la proue d'un navire. Toile 2 m. 37, largeur 1 m. 14 c.

22 **Félon.** — *Basse-cour.* — Le déjeuner des volatilles, 34 c. 1/2, hauteur 21.

23 **Fragonard.** — *Le Joueur de guitare.* — Scène d'intérieur. Artiste jouant de son instrument. Nombreux auditeurs qui l'écoutent, tandis qu'un enfant s'amuse avec une chèvre. Sur bois, signé Fragonard. Largeur 21 c. — 16 c.

24 **Fragonard.** — *Le Passage de l'Ecluse,* paysage avec figures et construction.

25 **Fragonard.** — *Femme offrant une coupe de lait* au buste du Dieu Priape tandis que sa compagne trait une chèvre.

26 **Evariste Fragonard.** — *Scène d'intérieur.* — Dame étudiant la mappemonde.

27 **Granet.** — *Intérieur d'une Chapelle de Rome.* — Capucin en prière.

28 **J.-B. Greuze.** — *L'Attente.* — Dans l'intérieur d'une chambre, une femme assise sur un canapé, jette un regard anxieux sur la porte entr'ouverte.

29 **Géricault.** — *Soldat de la Garde blessé.*

30 **Guardi.** — *Vue extérieure d'une Eglise d'Italie.* — Avec figures.

31 **Guenin.** — *Sainte Marie-Magdeleine dans sa retraite.* — Près d'elle des légumes, ainsi qu'un groupe d'anges ; têtes de chérubins dans les airs.

32 **Hügtenburg.** — *Choc de Cavalerie.*

33 **David de Hem.** — *Nature morte.* — Pains, fruits, etc.

34 **Franz-Hals.** — *Le Fumeur.* — Intérieur de cuisine : Un fumeur assis sur une caisse, prépare sa pipe, sa femme debout, le regarde en souriant et s'apprête aussi à fumer, pendant que le bébé sur les genoux de son père exprime son mécontentement. Personnage au second plan. Table avec fourneau et broc. — Monogramme sur le broc de toutes les lettres du nom et prénoms du célèbre artiste.

35 **Ingres.** — *Avant le bain.*

36 **Ingres.** — *Après le bain.* — Tableaux de la première manière du maître, signés : *In.*

37 **Isabey.** — *Marine.* — Barques surprises par une bourrasque.

38 **Lajoue.** — *Monuments architecturaux.*— Chutes d'eau. Deux guerriers costumés escaladant un mur. Animaux.

39 **Lemay.** — *Intérieur d'une ferme*, avec personnage et animaux. Vue du paysage.

39 **Luca de Leide.** — *Grand-Rabin commentant la Bible.*

40 **Largillière.** — *Portrait de Femme.*

41 » — *Portrait d'Abbé.*

42 » — *Portrait d'Homme*, à la ganse rouge.

44 **Jan Looten.** — *Paysage d'Automne.* — Terrain couronné par des chênes séculaires, flaques d'eau reflétant des nuages sombres qui passent sous un ciel blafard, montagnes peu élevées qui se perdent dans l'air ambiant de l'horizon. Moine en prière devant un oratoire rustique.

La fermeté de la touche ainsi que la tonalité jaune olivâtre des feuilles d'arbres et celle des gris jaunâtres des terrains rappellent si bien les œuvres de Maindert Hobbema que les peintures de ces deux grands maîtres se confondent.

Les tableaux de Jan Looten, qui sont à peu près de même grandeur, se trouvent presque tous en Angleterre et en Ecosse. Le Musée de Nancy est le seul en France qui possède une peinture de ce maître.

45 **Monticelli.** — *Après-Midi dans un Parc.*

46 **Monticelli** (Imitation de). — *Après-Midi dans un Parc.*

47 **B. Monnoyer.** — *Vase de Fleurs.*

48 **Mallet.** — *Intérieur d'Appartement*, style Renaissance avec lustre hollandais. Dame tenant un enfant dans ses bras, entourée d'autres enfants. Homme près le foyer de la cheminée. Nombreux personnages costumés à la mode hollandaise. Table avec objets divers.

49 **Milliare.** — *Vue d'un Paysage*, par la grande entrée d'une hôtellerie, avec figures.

50 **Van Muyden.** — *Nymphe nue endormie dans un sous-bois.*

51 **Mignard.** — *Petit portrait de Femme.*

52 » *Portait de Molière.*

53 » *Portrait d'Homme.*

54 **G. Netscher.** — *Portrait de Femme*, dans un parc orné de grands arbres, de statues et bas-reliefs.

55 **Olivieri** ou **Olivero**, 1679-1755. — *La Halte.* — Gardes françaises au repos, lés uns couchés, les autres debout, derrière eux des barriques et les approvisionnements d'un camp : à droite, au second plan, nombreux personnages, officiers, grandes dames, seigneurs portant grandes perruques, attablés sous une tente, boivent le champagne.

Ce tableau est gravé sous le nom de Watteau et cette gravure est de l'époque de ce maître.

56 **Omegandt.** — *Paysage..* — Vache et brebis au repos.

57 **Adrien Van Ostade.** — *La Halte.* — Chariot et conducteur arrêtés devant la porte d'une auberge. Conducteur et cheval se désaltérent. Hommes, femmes et enfants sur le seuil de la porte et à la fenêtre. Beau fond de paysage.

Projet pour le tableau du Louvre avec des changements. à ce dernier.

58 **Du même.** — *Paysage*, avec figures et cours d'eau signé à gauche et daté 1660.

59 **Du même.** — *Le vieux saule de la rivière.*

60 **Du même.** — *Intérieur de cuisine.* — Fumeur tenant un broc, sa femme près de lui. tient une pipe qu'elle lui présente. Personnages assis près de la cheminée jouent aux cartes. Deux autres debout, dont l'un s'apprête à sortir.

Tableau de la première manière de ce maitre quand il imitait David Teniers.

61 **Nicolas Poussin.** — *Diane surprise par Actéon.* — Diane endormie, près d'elle une des compagnes effrayée à l'apparition d'Actéon se dresse et laisse voir tout son torse vu de dos ; Faune mi-corps vêtu, tient dans les mains des instru-

ments de musique. Chiens couchés, d'autres debout, carquois, flèches, draperie, etc.

L'artiste dédaignant la fiction mythologique a représenté différemment son sujet, afin de montrer toutes les ressources que l'art peut employer dans les sujets de nudité sans offusquer la morale.

62 **Pater.** — *La Récréation dans le Parc.* — Grande dame assise avec jeune enfant appuyée sur elle, prend une fleur que lui présente sa servante. Jeune fille devant elle lui fait une révérence. Musiciens, dont l'un, appuyé sur son violoncelle, regarde la scène. Fontaine surmontée d'un amour et d'un dauphin. Paysage avec habitation.

63 **Jean-Baptiste Peyron.** — Grand prix de Rome 1775, de l'Académie 1788. (Directeur des Gobelins). — *Ulysse reconnu par la servante de Pénélope.*

64 **Paul Potter.** — *Paysage.* — Deux chevaux en liberté. — Peint sur bois, largeur 22-19.

65 Pendant du précédent. — *Paysage.* — Deux chevaux à l'abreuvoir.

66 *Paysage.* — Vaches et moutons au repos. — Peint sur bois largeur 27-20.

67 D'après **P. Potter.** — *Vaches au pâturage.*

68 **Raoux.** — *Jeune Garçon tenant un nid de chardonnerets.*

69 **Hubert Robert.** — *Vue de Rome.* — Lavoir public, monument, statue et lavandières.

70 **Rigaud.** — *Portrait de Femme richement costumée.* — Hauteur 80-66.

71 **Rickaërt.** — *Le Séducteur.* — Scène d'intérieur : Jeune fille assise tournant le dos à la croisée et riant des galants propos que lui adresse un homme placé derrière elle dans l'embrasure de la fenêtre.

72 **Rembrandt.** — *La rencontre de Joseph et de Jacob.* — Nombreux personnages, paysage où se déroule le convoi d'une tribu suivie de ses troupeaux. Première manière du maître ; signé et daté 1662. — Panneau, largeur 86-64.

73 *Portrait d'Hendricke Stoffels.* — Tableau mentionné par M. Charles Blau. Première manière de Rembrandt.

74 **Ecole de Rembrandt.** — *Tête de Vieillard.*

75 **Rubens et Van Huden.**— *Le Massacre des Innocents.*

76 **Rubens.** — *Petit Portrait* (esquisse) d'Anne Maria, archiduchesse d'Autriche. — Pinacothèque de Munich.

77 **Ecole de Rombout.** — *Portrait d'un Turc.*

78 **Jacob Ruysdaët.**— *L'Entrée d'une Forêt à la chute du Jour.* — Paysage ciel couvert, faible clarté du soleil couchant qui a percé à travers les nuages, pour éclairer les premiers plans où une femme est assise ; au loin, deux figures ; autre personnage plus rapproché, dans l'ombre des grands arbres aux feuillers découpés. Cavalier qui entre dans la forêt. A gauche, grande mare bordée d'arbres d'un vert sombre se profilant à l'horizon. — Figures par Lingelbach.

79 **Stella.** — *Enlèvement de Proserpine.*

80 **David Teniers** jeune. — *Une Kermesse.* — Nous sommes en pleine fête flamande. C'est la kermesse ! Un homme et une femme dansent au son du chalumeau ; à droite, une table où sont assis un homme et une femme, derrière un homme debout ; sur la table, un broc et un verre que la femme tient de la main. A gauche, sont assis un homme et une femme qui causent. Un petit chien semble regarder la scène. Groupe de personnages debout ou assis devant la ferme. Ustensiles divers disséminés à terre. Fond de paysage où domine le clocher du village.

81 **David Teniers** jeune. — *Le violoniste.* — Intérieur de cuisine, personnage assis jouant du violon, à ses côtés une femme tient un papier de musique, ayant devant elle un tonneau coupé qui lui sert de table sur laquelle il y a un broc : au fond, près la cheminée, personnages jouant aux cartes. Tête d'homme paraissant à la fenêtre qui éclaire la cuisine Bois, largeur 36-24.

82 **David Ténier** jeune. — *Personnage assis près du feu préparant son déjeuner.* — Cuivre, hauteur 21-18 3[4.

83 **Vernet.** — *Port du Tibre.* — Habitations, bateaux et figures.

84 **Ecole de Vernet.** — *Marine.* — Bourrasque, soleil couchant.

85 **Vanloo.** — *Mercure et L'amour.* (Esquisse).

86 **Vander Poël.** — *Incendie d'un village.* — Nombreux personnages occupés à éteindre l'incendie.

87 **Vien.** — *Alexandre coupant le nœud gordien.*

88 **Vallin.** — *Une baigneuse.*

89 **Verbokoeven.** — *Vache, berger et son chien.* — Mare aux canards.

90 **Carletto Véronèse.** — *Intérieur d'un tribunal.* — Femme à moitié vêtue traînée devant un juge.

91 **Vander Neer.** — *Effet de lune.* — Les Moulins près la rivière

92 **Vander Neer et Hügtenburg.** — *Vue d'un village au bord d'une rivière avec figures et animaux. Effet de lune.* — Le paysage est de Vander Neer et les figures sont de Hügtenburg le frère de l'Hügtenburg des batailles. Monogramme des deux artistes sur le premier plan du tableau.

93 **Ecole de Vander Heyden.** — *Vue d'une rivière avec navires et personnages.*

94 **Wildenradt.** — *Vue prise à la forêt de la Sainte-Beaume.*

95 **Watteau.** — *Fête champêtre.* — Jeune fille dansant aux sons de trois instruments, tambour de basque, flûte et haubois. Haute dame et seigneur assis causant. A gauche, groupe de personnages dont l'un tient une jeune fille par la taille ; différents autres groupes hommes et femmes parmi lesquelles trois portent la houlette.

La scène est bornée à gauche par de hautes arcades avec balustrade, à droite par un pilier surmonté d'un vase et tout à côté un buste de faune près de grands arbres supportant des draperies et un panier de victuailles. Peint sur toile, largeur 60-50.

96 **Philippe Wouwerman.** — *Le Rendez-vous à la Fontaine.* — Grand seigneur et châteleine, près le bassin d'une fontaine surmontée d'une statue. Serviteur, chapeau bas, tient par la bride le cheval de la grande dame, tandis que du côté opposé un cavalier tient le cheval du seigneur. Tout près grand escalier qui conduit au château. — Peint sur bois. Largeur, 24 — 22.

97 **Philippe Wouwerman.** — *Le Départ pour la Chasse.* — Cavaliers au repos attendant le départ pour la chasse. L'un sonne du cor, le second tient à la main un faucon qui étend ses ailes, le troisième s'apprête à descendre de cheval ; autre cheval se désaltérant dans le bassin d'une fontaine surmontée d'une statue, adossée au grand mur de soutènement d'une terrasse ornée d'un vase près duquel on voit une femme : autre femme descend l'escalier qui conduit au château.

Sur le terrain, chiens, débris de sculpture. Fond de paysage, constructions avec figures et cours d'eau. — Toile, largeur, 54 — 40.

98 **Pierre Wouwerman.** — *Le Départ pour le Marché.* — Chariot couvert suivi d'un cavalier à veste rouge, longue file de chevaux précédant le convoi que suivent nombreux personnages, hommes, femmes et enfants. A droite, personnage coiffé d'un tricorne examine un poteau indicateur. — Peint sur bois. Largeur, 34 — 26.

99 **Ecole de Wouwerman.** — *La Leçon d'Equitation.*

100 **Anonyme.** — *Ange en Prière.* — Volet d'un tryptique.

101 » *Portrait de Femme.*

102 » *Marché aux Chevaux.*

103 » *Tête de Chien.*

104 » *Portrait d'Homme.*

105 » *Tête de Taureau.*

106 » *Paysage et Animaux.*

107 » *Paysage et Animaux.*

OBJETS DIVERS

1 **Petit Berceau** doré, style Louis XV, statuettes bois doré, représentant l'Amour qui porte une couronne à l'enfant endormi.

2 **Petite Console** Louis XIV, bois sculpté et doré.

3 **Portefeuille** Louis XV, marocain rouge, ornements brodés argent, riche dorure au petit fer sur le plat, filets et dentelles à l'intérieur, entrée de serrure argent finement ciselé, clef de l'époque, 33 sur 26.

4 **Deux Pelotes** Louis XIII au petit point, ornements, fleurs.

5 **Deux Pelotes** Louis XIII au petit point, ornements, personnages et fleurs.

6 **Petit Ecran**, chiffre d'un archevêque,ornements fil d'or et vert.

7 **Vierge et Enfant-Jésus**, broderie soie.

8 **Portefeuille** soie ornements brodés soie et or.

9 **Paire Pantoufles** brodées.

10 **Portefeuille** soie rose brochée, ornements trois fleurs de lys et deux dauphins, époque Louis XIII.

11 **Fontaine** et son bassin cuivre rouge avec mascarons et anses.

12 **Vierge** et **Enfant-Jésus**, statuette bois de P. Puget, signature en relief.

13 **Coffret** ancien, en cuir, forme tombeau, ornements dorés au petit fer, sujet de chasse sur toutes les faces.

14 **Nécessaire** tête-à-tête ; sucrier, pot au lait, deux tasses et leur soucoupe ; porcelaines de Paris, marque bleue lambel du duc de Penthièvre. Deux petites cueillères vermeil, couteau manche nacre, monture or avec deux lames dont l'une vermeil ; deux flacons cristal, fermeture vermeil ; petit entonnoir.

15 **Coffret.**

16 **Coffret** sculpté, style gothique.

17 **Deux Médaillons**, homme et femme, fonte de fer.

18 **Coffret** ferrement fleurdelisé.

19 **Deux Statuettes** verre émaillé, costume époque de la Convention.

20 **Coffret** cuivre en forme de châsse, ornements et inscriptions en langue romane.

21 **Plat** cuivre repoussé, médaillon représentant l'Immaculée Conception tenant Jésus et un sceptre dans ses bras, époque gothique.

22 **Plat** cuivre repoussé représentant Adam et Eve autour de l'arbre fatal, inscription romane.

23 **Statuette** terre cuite représentant la ville de Nîmes qui figure sur une fontaine de cette ville. Œuvre de Pradier.

24 **Statuette** terre cuite, Napoléon Ier.

25 **Vase Phénicien,** terre cuite.

25 A **Portrait** d'homme, médaillon terre cuite.

26 **Buste** en marbre de Napoléon Ier.

27 **Buste** d'homme, terre cuite.

28 **Groupe en marbre** (*Daphnis et Chloé*), par Falconnet, Etienne Maurice, 1716-1791, l'un des plus vaillants sculpteurs du XIXme siècle, auteur de la statue équestre de Pierre le Grand, à Saint-Pétersbourg, et ainsi que de grand nombre d'œuvres érotiques ou sacrées, dont la plupart ont été détruites à l'époque de la grande Révolution.

29 **Tombeau** étrusque (antique). Bas-relief face du devant; personnage sur le couvercle.

29 bis **Portrait** lauré de Vitelius, médaillon marbre.

30 **Blason** (marbre) de Riquetti de Mirabeau.

31 **Christ en croix.** Ivoire époque Louis XV, ornement argent et vermeil, hauteur de la croix 1m 10 c., hauteur de l'ivoire 32 c. 1/2.

32 **Deux Porte-Bouquets**, verre de Venise, monture cuivre Louis XV.

33 **Deux Vases** verre vert de Venise, monture cuivre du XVIme siècle italien.

34 **Coupe**, verre de Venise, filets émail blanc et rose.

35 **Cruche** verre, imitation Venise.

36 **Un Verre** de Venise.

37 **Buste** de femme, ivoire.

38 **Buste** de Napoléon Ier, haut relief. Ivoire.

39 **Femme** vue de dos, ivoire, bas-relief.

40 **Buste** de Mirabeau, ivoire, bas-relief.

41 **Buste de Voltaire**, ivoire, bas-relief

42 **Vierge et Enfant-Jésus**, statuette ivoire.

43 **Pipe Kummer**, monture argent.

44 **Pipe Kummer**, avec tête sculptée.

45 **Pipe Kummer** incrustée de turquoises et grenats, monture argent.

46 **Chandelier** et cadenas en fer.

47 **Mandoline**, Joannes Vinacci filii Januaris, *fecit* Napoli 1763.

48 **Mandoline**, Antonius Vinacci Neapoli, 1776.

49 **Chale** soie, carré à raie rouge et pointillé, franges.

50 **Chale** des Indes, long, à palmes, fond jaune.

51 **Chale** des Indes, long, fond blanc, à palmes.

52 **Chale** des Indes, carré, fond noir, à palmes.

53 **4 broderies** soie, rouge et raies, pour fauteuil.

54 **6 broderies** soie, fond blanc et bleu, pour fauteuil.

55 **2 bandes** soie, brochées, couleur or et argent, 2 m. 50 c.

56 **3 bandes**, brochées, soie, 3 m. 75 c.

57 **Bande** broderie laine, 2 m. 66 c.

58 **Bande** soie, brodée bouquet de fleurs, 1 m. 25 c.

59 **6 m. 50 c.** galons d'or.

60 **Lot**, 6 m. 70 c. galons jaune, soie brochée.
8 m. 50 c. galons blanc.
2 m. galons rouge.

61 **Lot**, 2 cravates, 2 sachets, un morceau de soie brochée.

62 **Chape** soie brochée, fleurs sur fond vert d'eau ; franges argent.

63 **Couverture** satin soie, fleurs en reliefs, dont le dessin est profilé en fil d'or.

64 **Couverture,** piquée soie, ornements brodés.

65 **Deux Portières,** étoffes (Perse) anciennes.

66 **Lot** composé d'étoffes diverses.

67 **Lot** embrasses diverses.

68 **Deux Cuirs** gauffrés, sujet Renaissance.

69 **Statuette** chinoise, en Jade.

BIJOUX, ARGENTERIE

MENUS OBJETS DE COLLECTION

1 Trois scarabées et un fragment de statuette Egyptienne.
2 Un reliquaire argent en forme de cœur (sainte Chantal).
3 Six camées onyx, têtes d'homme et de femme.
4 Six pierres et verre gravés en creux.
5 Un cachet pierre onyx monté sur or.
6 Un camée corail (tête de femme).
7 Un médaillon émail : le Christ et la Vierge.
8 Une épingle, portrait de femme, monture or.
9 Une épingle, portrait de femme coiffée d'un turban, monture or.
10 Une broche, portrait d'homme (miniature), monture or.
11 Une épingle, tête de femme, onyx à trois couches, monture or.
12 » » coquille » »
13 » tête de Méduse, monture or.
14 » œil de chat »
15 » fer de cheval, incrustation grenat, argent.
16 » pierre gravée, tête d'Homère, monture or.
17 Quatre épingles : étoile, scarabée et strass, monture argent.
18 Un cachet, portrait en creux.
19 Un cachet d'archevêque à trois faces, acier.
20 Une bague antique assyrienne, or.
21 Une bague semaine à sept pierres.
22 Une bague argent et pierres fausses.
23 Deux bagues, figures en creux, argent.
24 Une bague scrarabée, or.
25 Une épingle avec œil de chat, gravé, or.
26 Cinq bagues cornaline gravées en creux, or.

27 Une bague œil de chat, or.

28 » or et émail.

29 » amour sur un dauphin, or.

30 » or et rose,

31 Une épingle œil de chat, or.

32 Un porte-vue ivoire, style Louis XVI, métal doré ciselé.

33 Une montre argent à remontoir.

34 » » »

35 » plate or dite à savonnette.

36 Une chaîne giletière or.

37 Sept chaînes giletières argent et métal argenté.

38 Une montre d'homme or (Thorton, London), boîtier repoussé et ciselé, sujets mythologiques, style Louis XV.

39 Une décoration, fleur de lys, argent ; une loupe avec cadre à double face, métal argenté ; un porte-crayon argent, une petite clef or, une chaînette argent.

40 Une montre chronomètre or, avec chaîne et cachet or.

41 Deux petits porte-crayons ou porte-mines argent, un petit étui monté sur or.

42 Une montre argent, boîtier ornementé, avec chaîne et médaillon métal argenté.

Donnés par Alexandre Dumas père au peintre Sigalon, oncle de M. Furby.

42 A Un pommeau de canne sujet de chasse.

43 Une pierre bleue (saphir).

44 Deux pierres assyriennes antiques, gravure en creux.

45 Six petites cuilleres argent doré et ciselé, dont la tige se termine d'un côté par la bouche d'un dauphin qui tient la coquille et représente à l'autre extrémité une sirène ailée : travail attribué à Benvenuto Cellini.

46 Une théière, un sucrier, un pot à lait argent.

47 Six cuillers à filets et à coquilles avec ornements argentés.

48 Quatre fourchettes argent à coquilles.

49 Cinq cuillers à bouche, argent.

50 Un porte-or, en forme de montre, deux cuillers, un bouton de manche métal argenté.

51 Une cuillere à sucre, ajourée, argent, style Louis XIV, ornée d'une tête de cheval.

52 Une fourchette à poisson ajourée, argent.

53 Deux clochettes ornementées, métal argenté.

54 Une pincette à sucre ajourée, argent.

55 Un gobelet argent.

56 Une boîte filigramme argent.

57 Une coupe, en forme de gobelet, avec bas-relief, sujet d'agriculture.

58 Un huilier style Louis XV, métal argenté.

59 Deux cachets avec blasons, argent.

60 Cinq flacons cristal, bouchons argent.

61 Un nécessaire de toilette.

62 Un porte-bouteille métal argenté, avec flacons, verre de couleur.

63 Deux flambeaux argent.

64 Trois petits flacons verre, bleu, blanc et rouge.

65 Trois cachets divers, une breloque en forme de noisette.

66 Un dressoir cristal et métal argenté.

MONNAIES ET MÉDAILLES

1 *Marseille.* — Argent : 5 drachmes et 1 obole. Petit bronze en tout 7 pièces.

2 *Monnaies grecques autonomes.* — Tarente, Athènes, Corinthe, Empories, Bruttium, Carthage, etc. : un lot de 14 pièces dont 3 en argent et 11 en bronze.

3 *Monnaies impériales coloniales et grecques.* — Auguste et Agrippa, Nîmes : 3 pièces. Elagabale, Antioche Julien II, Antioche ; 2 pièces. Gallien, Solonine, Claude II, Aurélien, Tacite, Probus, etc. : 30 pièces d'Alexandrie. En tout 35 pièces.

4 *République Romaine.* — Un lot de 12 pièces, dont 10 argent et 2 bronze. Familles Flaminia, Martia, Minucia. Procilia, Scribonia, Titia, etc.

5 *Empire Romain.* — Un lot de 55 pièces argent, dont 53 deniers et 2 quinaires. Brutus, Marc-Antoine. Octave Auguste, Tibère, Néron, Vitellius, Vespasien, Titus, etc.

6 *Empire Romain.* — Un lot de 50 pièces argent, dont 48 deniers et 2 quinaires. Domitien, Nerva, Trajan, Hadrien, Delius, Sabine, etc.

7 *Empire Romain.* — Un lot de 40 deniers de César, Auguste, Tibère, Vitellius, Vespasien, Titus, Domitien, Trajan, Hadrien, Telius, Sabine, Antonin, Antonin et Marc-Aurèle, Faustine mère, etc.

8 *Empire Romain.* — Un lot de 30 deniers, Antonin, Faustine mère, Marc-Aurèle, Faustine jeune, Lucius Verus, Lucille, Commode, Crispine, Septime Sévère, etc.

9 *Empire Romain.* — Un lot de 35 deniers, Septime Sévère, Julia Domna, Caracalla, Geta, Elagalale, Sévère Alexandre, Mamée, Maximin, etc.

10 *Empire Romain.* — Un lot de 22 pièces, dont un sou d'or d'Héraclius et Héraclius Constantin, et 21 pièces argent et billon, Gordien III, Philippe père, Otacilie, Trajan Dèce, Valé-

rien père, Maximien Hercule, Constance Chlore, Constance II, Julien II, Valens, Eugène, Honorius, etc.

11 *Empire Romain.*— Un lot de 94 pièces en bronze, dont 20 grands, 37 moyens, 37 petits. Auguste, Agrippa, Tibère, Claude, Néron, Vespasien, Domitien, Trajan, Hadrien, Antonin, Faustine mère, Marc-Aurèle, Faustine jeune, Lucille, Commode, Septime Sévère, Caracalla, Sévère Alexandre, Philippe père, Gallien, Salonine, Postumus, Victorin, etc.

12 *Monnaies et Médailles Françaises.* — Un lot de 31 pièces en argent, pesant 225 grammes. Louis le Débonnaire, Philippe VI, Charles IX ; Henri III, quart et huitième d'écu : Henri IV, quart d'écu, huitième d'écu de Navarre, demi-franc; Louis XIII, XIV, XV et XVI ; République Subalpine, 2 écus, etc., etc.; Napoléon Ier, 2 médailles.

13 *Monnaies et Médailles Françaises et des Colonies.* — Un lot de 38 monnaies et 18 jetons d'Henri III à nos jours.

14 *Monnaies Etrangères.* — Un lot de 32 pièces en argent pesant 170 grammes et une monnaie d'or. Japon, colonies anglaises, Turquie, Allemagne, Etats-Unis, etc., etc.

15 *Médailles.* — Un lot de 15 médailles en bronze. Inauguration du Canal de Suez ; des Gallois de la Tour, intendant de Provence ; Eugène Sue ; Bailli de Suffren ; Héroïque Pologne, Franklin et Montyon ; Francis Henry Egerton : Quirinus Visconti ; duc de Villars ; Marseille, choléra 1835 : souvenir du centenaire de Napoléon Ier ; Napoléon en en Egypte ; duc d'Orléans ; Foire de Florence.

16 Sous ce numéro sera vendu un lot de 56 pièces, monnaies étrangères, médailles religieuses, monnaies fausses et douteuses, sceaux, etc., etc.

NOTA.— Il sera fait plusieurs lots de chaque numéro.

ARMES ET CANNES

1 **Revolver** dans son fourreau.

2 **Paire de pistolets** à pierre, crosse sculptée avec chiffre de Louis XVIII.

3 **Paire de pistolets** à pierre, crosse inscrutée.

4 **Pistolet** à pierre, double canon.

5 **Pistolet** Lefaucheux.

6 **Paire de pistolets** à pierre, canon doré

7 **Paire de pistolets**, 2 canons.

8 **Pistolet**.

9 **Petit yatagan**.

10 **Yatagan**, poignée tête de chien.

10 A **Revolver**.

11 **Yatagan**, poignée ivoire.

12 **Poignard**, poignée et fourreau cuivre.

13 **Epée**, poignée nacre.

14 **Epée**, lame damasquinée.

15 **Sabre** d'officier.

16 **Canne à épée**, monture dorée.

17 **Canne à épée**, monture dorée.

18 **Bambou**.

19 **Bois**, ornement nikelé.

20 **Bambou**, pommeau argenté.

21 **Ballon**, tête de chien.

22 **Bois**, virole argentée.

23 **Bois**, tête de chien.

24 **Bois**, poignée corne de cerf.

25 **Bois**.

26 **Bambou**, poignée écaille.

27 **Cravache,** poignée métal.

28 **Bambou,** » ivoire.

29 » » argent et agate.

30 » » corne, virole métal.

31 **Bois,** passe-glacier.

32 **Canne de pêche** complète.

33 **Fusil** à pierre, bois sculpté, Delpire, Paris, canon et pièces ciselées et fleurdelisées.

34 **Fusil** à piston, canon Fillet, Paris, canon et pièces ciselées et dorées, bois sculpté.

35 **Fusil** à 2 canons.

36 **Carabine** Flaubert.

37 **Fusil** à piston.

38 **Fusil** à 2 canons, bois sculpté.

20 CADRES EN BOIS SCULPTÉ ET DORÉ

De Différents Styles

DESSINS, GOUACHES ET AQUARELLES

1 **Christophe Alory, dit le Bronzino.** — *Femme agenouillée* (sanguine).

2 **Ary Scheffer.** — *Groupes de Femmes*, projet d'un tableau (plume).

3 **De Saint-Aubin.** — *Le Triomphe de l'Amour* (1753). — Vénus couchée dans une nue, devant le faite du temple de la Paix : près d'elle et au-dessous, femme qui tient un thyrce. Amour présentant trois couronnes ; deux autres femmes dont l'une lui présente des fruits, l'autre une corne d'abondance, près de laquelle on voit les armes de la ville de Paris ; Vulcain son marteau levé prêt à s'abattre sur un bouclier qu'il façonne, s'arrête pour contempler, ainsi que Vénus, Cupidon portant une torche allumée autour duquel vient se presser une troupe de petits amours (gouache). Hauteur 35 c. 1/2 sur 25 1/2.

4 **Bouchardon.** — *Projet d'une Statue* (plume).

5 **N. Berghem.**— *Paysage*, troupeau de bœufs, lavandières (lavis).

6 **Bertin.** — *Paysage* avec figures, cours d'eau, silhouette d'une ville avec clocher gothique (dessin).

7 **Giorgio Barbarelli.** — *Saint Sébastien* (lavis).

8 **Bourgeois.** — *La Poste des Salines (Hyères)*, le Jeu de boules.

9 **F. Boucher.** — *Moutons et Chèvres au repos* (sépia).

10 **Berghem.** — *Paysage*, femme et berger près le bassin d'une fontaine rustique, troupeau, cours d'eau et habitation (sépia).

11 **Baronini.** — *Scène Religieuse*, la bénédiction papale (sépia).

12 **Corneille Backer.** — *Paysage* avec figures et habitations (lavis).

13 **Bolognèse.** — *Paysage* avec habitations et cours d'eau (plume).

14 **André Both.** — *Grand Paysage* (lavis).

15 **F. Boucher.** — *Jeune fille endormie* (sanguine).

16 » . — *Pastorale*, berger et bergère (plume).

17 **C. Bourgeois**. — *Vue du Château d'Isola di Saura*, royaume de Naples, avec la gravure (sepia).

18 **P.-A. Baudoin**. — *Scène de Basse-Cour*. — Jeune fille élégamment coiffée et vêtue d'une jupe sur robe décolettée, fait une visite matinale à la basse-cour de la ferme du château, elle s'arrête profondément étonnée pour regarder un coq qui lutine une poule ; autre poule tranquillement perchée sur une échelle lui tourne le dos (gouache).

19 **P.-A. Baudoin**. — *Le Retour à la Ferme, paysage, effets de lune*. — Chevaux attelés à un chariot couvert sont arrêtés au milieu de la grande cour d'une ferme. Une dame descend du chariot au moment où un homme et une femme la reçoivent dans leurs bras. La dame, descendue la première, est embrassée par un personnage suivi de son chien; pendant ce temps, une fille de service a tenu les rênes des chevaux tandis qu'un voyageur, resté dans le charriot, observe ce qui se passe (gouache).

20 **A. Borel**. — *Paysage*. — Nombreux personnages de qualités diverses se pressent auprès d'une dame tombée évanouie à la vue de son père courroucé qui s'avance vers elle, malgré la résistance qu'on lui oppose pour le retenir. Pendant ce temps, on voit au second plan, la foudre incendier le château (gouache).

21 **A. Borel**. — *Le Jaloux dort (1743)*. — Dans une riche alcôve tendue de draperies rouges, une jeune femme est assise sur son lit, la gorge et une jambe nues. Un galant, introduit près d'elle, la prend par le bras et la taille et tandis qu'elle est prête à descendre de sa couche, elle jette un regard sur la forme humaine couchée auprès d'elle ; à ses pieds, un tabouret ; à côté, une chaise avec linge de toilette ; au fond de l'alcôve, un cartel Louis XVI (Gouache),— 29 c. 1/2 sur 18 c.

22 **Jean Both**. — *Paysage*. — Des antiquités aux environs de Rome, 4 dessins.

23 » 6 »

24 » 6 »

25 » 6 »

26 **Jean Both.** — *Paysage.* — Des antiquités aux environs de Rome, 6 dessins.

27 » 6 »

28 » 6 »

29 » 6 »

30 **Bary.** — *Marine.* — Barque désemparée (aquarelle).

30bis **A. Bloemaert.** — *Ronde d'amours* (Lavis).

31 **P.-J. de Bucourt.** — *L'oiseau ranimé.* — Deux jeunes femmes, enfermées dans une chambre à coucher, cherchent à ranimer un malheureux petit oiseau. L'une d'elles se résout à dégrafer son corsage pour rechauffer le pauvret et montre une gorge des plus opulentes. A droite se trouve un guéridon, une chaise sur laquelle est posé un chapeau, et un clavecin ouvert sur lequel est un cahier de musique (gouache).

32 **Boilly.** — *Guignol.* — Nombreux personnages de tout âge et de conditions regardent la scène de Polichinelle et son cha (lavis).

33 X. — *Marine* (lavis).

34 *Allégorie religieuse* (plume).

35 *La Mort de Didon.* — Didon se poignardant sur le bûcher (lavis).

36 *Garde française.* — Louis XV (sanguine).

37 *Etude de femme* (crayon noir).

38 *Allégorie religieuse.* — La religion sous la figure allégorique d'une femme coiffée de la thiare, tient d'une main les clefs de la porte du paradis et de l'autre, la croix papale. C'est elle qui préside aux destinées de l'humanité par la justice, l'espérance, la foi et la charité.

39 **P. Caldara** (dit le **Caravage**). — *Groupe de guerriers* (lavis).

40 **J.-B. Coste.** — *Vue du Colysée* et autres monuments romains (crayon).

41 **Clérian.** — *Deux aquarelles :* Cour d'un couvent, moine près d'un puit ; Extérieur d'une habitation au-dessus d'un cours d'eau, figures.

42 **Daniel Crespi.** — *La mort d'une sainte fille.*

43 » *Funérailles de la Vierge.*

44 **Cantarini** dit le **Pésarèze**. — Quatre dessins (plume).

45 **J. Cellony**. — *Scène biblique*. — Moïse à l'âge de quarante ans tue un Egyptien qui maltraitait un Israélite.

46 **J. Cellony**. — *L'Aurore et la Justice*.

47 **Charles-Nicolas COCHIN**. — *Deux dessins ovales :* Joseph et la femme de Putiphar ; Le Jugement de Salomon (crayon).

48 **Charles-Nicolas COCHIN**.— *Le Tirage de la loterie*. — Etudes diverses (crayon, plume).

49 **Charles-Nicolas COCHIN**.— Quatre études diverses (plume).

49 A » » .— Deux études de Turcs (lavis).

50 » » — Deux dessins : *Présentation d'une couronne et d'un sceptre* ; *L'accolade*.

50 A **Charles-Nicolas COCHIN**.— Six dessins : *Fastes de la vie de Jésus* (crayon).

51 **Annibal Carrache**. — *Le Christ mort, les saintes femmes et saint Jean* (plume).

52 **Louis Carrache**. — *Le triomphe d'Amphitrite* (dessin au deux crayons).

53 **Constantin**.— *Vue panoramique de la ville d'Aix*.

54 » *La diseuse de bonne aventure*.

54 A » *Vue des ruines d'un pont et habitation* (plume).

55 **J. Collot**. — *Exercices militaires* (crayon).

56 **Chardin**. — *Jeune fille faisant faire l'exercice à son chien* (lavis).

57 **X**.— *Apôtre*, pendentif d'une voûte, peinture à l'huile).

58 **X**.— *Façade d'un palais, style Louis XIV* (lavis).

59 **X**.— *Hercule et Déjanire* (étude aux deux crayons).

60 **X**.— *Vue d'un château* : parterre et pièce d'eau (lavis).

61 **X**.— *Portrait de Femme* (sanguine).

62 **Van Dyck**. — *Portrait d'homme* cuirassé tenant le bâton de commandement (lavis).

63 **Van Dyck**.— *Portrait de Saint Jean et de Saint Paul*.

64 **Deboissieux.** — *Paysage* avec habitations, personnages, animaux et rivière (aquarelle).

65 **Deboissieux.** — *Paysage* avec figures et animaux (aquarelle).

66 **Dandré Bardon.** — *La Mort de Socrate* (plume lavis).

67 » » . — *Eloge allégorique de la peinture* (sanguine rehaussée de blanc).

68 **David d'Aix.** — *Trois études de femme* (lavis).

69 » » . — *Jeune femme et son enfant* (aquarelle).

70 » » . — *Etudes diverses* (crayon).

71 **Delacour.** — *Jeune femme nue*, vue de face, entourée de petits amours, pilier et brûle-parfum (aquarelle).

72 **Delacour.** — *Jeune femme nue*, vue de dos, petits amours, pilier et brûle-parfum (aquarelle).

73 **Diaz** (attribué à). — *Nymphes des bois* (fusain).

74 » » . — *Femme couchée surprise par un chasseur.*

75 **Dietrick.** — *Deux Juifs* (sépia).

76 **Decamp.** — *Homme et sa compagne* (aquarelle).

76 A » . — *Paysage*, étude (crayon).

77 **L. David.** — *La Justice* (aquarelle).

78 **Paul Delaroche.** — *Etude d'enfant* (crayon).

79 **Mlle Duparc.** — *Portrait d'homme* (sanguine).

80 **Duplessis-Bertaux.** — *Garde-française* (sanguine).

81 **L. Dupuy.** — *Portrait du général Buonaparte* (aquarelle).

81 A **Charles Delafosse.** — *Projet de monument* (lavis).

82 **X.** — *Scène religieuse* (dessin).

83 **X.** — *Allégorie*, école de Boucher (aquarelle).

84 **X.** — *Paysage avec figures*, vieille église (lavis).

85 **X.** — *Portrait de la Popelinière*, intendant général, bibliophile (crayon).

86 **X.** — *Eventail*, époque Louis XIV. Hautes dames et seigneurs sur une terrasse : apprêts d'un dîner, pièce d'eau, pêcheur déposant sa pêche, cygnes et embarcations, fond de paysage.

87 **Fragonard.** — *Jeune femme* près du bassin antique d'une fontaine au-dessus de laquelle figure la statue de l'Abondance. Paysage, au premier plan canards barbotant dans une flaque d'eau (aquarelle).

88 **Fragonard.** — *La Main chaude*, charmante récréation d'hommes et femmes,pilier surmonté d'un vase,animaux au repos.

89 **Fragonard.** — *Le Diner des laboureurs.* — Sous une tente tout s'apprête pour le repas du midi, femme qui s'occupe de la cuisine, laboureur qui quitte sa charrue, troupeau couché, se reposant en plein champ sous les rayons du soleil.

90 **Fragonard.** — *Voyage en Italie.* Vue de Messine.

91 » *Vue de la fontaine de Ste-Sophie* à Bénevent, près de Naples (aquarelle).

92 **Fragonard.** — *Bas-relief*, scène mythologique (lavis).

93 » *Portrait d'un évêque officiant* (sanguine).

93 A **S. Frendemberg**, 1772. — *Portrait de jeune fille.*

94 **Flaxman.** — *Homme nu assis*, femme drapée lui tenant le bras. Autre femme drapée mi-corps jouant des cymbales. Composition et paysage sévère de lignes (lavis).

95 **X.** — *Paysage et Fortification* (lavis).

96 **X.** — *Etude d'enfants* (crayon).

97 **X.** — *La toilette d'une jeune fille* (lavis).

98 **X.** — *Paysage.* — Marine (lavis).

99 **X.** — *Projet de décoration* (lavis).

100 **X.** — *Ornementation*, esquisse (dessin).

101 **X.** — *Mater Dolorosa et Enfant-Jésus.*

102 **X.** — *Etude d'homme* (sanguine).

103 **Guercino da Cento.** — *Attila devant saint Léon* (plume).

104 » » . — *Portrait de St-Pierre* (sanguine).

105 **Greuze.** — *La malédiction paternelle.*

106 » *Le fils puni.*

107 » *La famille Greuze* (aquarelle).

108 » *La Mère et l'Enfant* (sanguine).

109 » *Portrait de jeune garçon* (sanguine).

110 **Granet.** — *Intérieur d'un cloître* (aquarelle).

111 » *Portrait de Constantin* avant d'aller à Rome (plume).

111 A » *Une rue de Tivoli* (lavis).

112 » *Intérieur d'une crypte* au moment solenn el de la célébration d'une messe. Fidèles agenouillés.

113 **J.-B. Glomy.** — *Vue perspective* de la nouvelle église de la Magdeleine de la ville Levêque, commencée en 1762, sur les dessins de M. Content d'Ivry. Nombreuses figures aquarellées.

114 *Vue perspective* de la nouvelle église de Ste-Geneviève commencée en 1757 sur les dessins de M. Soufflot, architecte du roy. La première pierre a été posée par Sa Majesté le 6 septembre 1764. Nombreuses figures aquarellées.

115 **Jean Goujon.** — *Statue d'Ebé* (dessin).

116 **Pierre Guérin.** — *Pénélope reconnue par Ulysse.*

117 **Gaspard du Gué.** — *Vue de la grotte de Pausilippe.*

118 » » *Etude de Paysage* (sanguine).

119 **Van Goyen.** — *Paysage.* Marine (crayon).

120 » *Marine.* Bateaux pêcheurs (lavis).

121 **Gibelin.** — *Six figures* peintes à fresque dans la salle des Arts, au rez-de-chaussée de l'Ecole de Médecine de Paris. Elles sont numérotées de 1 à 6. Dans le même ordre en les comptant de gauche à droite : 1. Pharmacie ; 2. Ostéologie ; 3. Botanique ; 4. Miologie ; 5. Pathologie ; 7. Angiologie.

122 **Gibelin.** — 1° *Statue de Louis XV*, par Tassard, placée à Paris, à la nouvelle Ecole de Chirurgie, 1775.

2° *Hygiène*, peint à fresque, au fond et au haut de l'escalier de l'Ecole de Médecine (dessin).

123 **Gibelin.** — *Médaille.* Portrait du duc de Calabre, fils aîné du roi René (dessin).

124 **Gibelin.** — *Six Portraits* de Femme. Projet de tableaux (médaillons).

125 **Gibelin.** — *Médaillle* de Pi A. de Suffren (Saint-Tropez), ch.

des ordres du Roi ; grand-croix de l'ordre de Saint-Jean-de-Jérusalem, vice-amiral de France.

On lit sur le revers : « Le cap protège Trinquemale pris Goudelour, délivré six combats glorieux ».

Les Etats de Provence ont décerné cette médaille, 1784. — Dessin allégorique et portrait de Suffren, par Largilière.

126 **Gibelin** .— *Liberté, Egalité.*

127 » *Deux Portraits de Femme* (crayon).

128 » 6 Dessins.

129 » 4 »

130 » 10 »

131 » 8 »

132 » 6 »

133 » 7 »

134 » 7 »

135 » 8 »

136 » 7 »

137 » 5 »

138 » 10 »

139 » 6 »

139 A » Blason.

140 X. — *Trois Dessins.* Etudes.

141 X.— *Saint-Jean-Baptiste* (plume).

142 X.— *Branche d'Olivier* (aquarelle).

143 X.— *Bas-relief.* Sujet allégorique.

144 X.— *Paysage* (gouache).

145 **J.B-. Huet** .— *Six Dessins.* Etudes d'animaux (lavis).

146 » *Moutons* (sanguine).

147 » » (lavis).

148 **Ingres**. — *Portrait d'Homme.* Rome 1814 (crayon).

149 X. — *Paysage,* Marine (peinture).

150 X. — *Projet d'Arc de Triomphe.* Style Renaissance (dessin).

151 X. — *Adonis et l'Amour* (dessin).

152 X. — *Portrait* d'une sainte femme.

153 X. — *Chasseur, Chien et Gibiers* (plume).

154 X. — *Copie du Moïse*, de Michel-Ange (dessin).

155 X. — *Le Christ en croix*, à ses pieds une adolorata, saint Pierre et saint Antoine (plume, lavis).

156 **Jouvenet.** — *La Circoncision*. Grand dessin.

157 **Angelica Kauffman.** — *Jeune Fille* appuyée sur une balustrade (crayon).

» » *Jeune Mère* pleurant sur le portrait de son enfant (sanguine).

» » *Portrait de Jeune Fille* (sanguine).

» » *La Leçon de Chant* (sanguine).

158 **J. Kobell.** — *Vache au repos*. Payage, dans le lointain deux vaches, un moulin et un clocher (aquarelle).

158 A **Klauber.** — *Deux Religieux* placés devant une plaque de marbre à inscription, surmontée d'un médaillon représentant la Vierge et l'Enfant-Jésus.

159 X. — *Portrait d'une jeune Fille* (aquarelle).

160 X. — *Décor*, théâtre de la Scala, Milan, ruines et statues.

161 X. — *Décor*, théâtre de la Scala, salon.

162 X. — *Cavalier à Cheval*, un faucon à la main.

163 **Lancret.** — *Le jeu de Colin-Maillard* à l'entrée d'un parc, 25 c. sur 20 c. (sanguine).

164 **Raimond Lafage.** — *Combat de cavalerie* (dessin plume).

165 **Lesueur.** — L'*Offrande au couvent* (sépia).

166 **Lagrenée le Jeune** (1771). — *Le repos de la Sainte-Famille*, vierge assise, Enfant-Jésus dans les bras, enfants qui l'amusent, petits anges dans les arbres, autres anges dont l'un cueille des fruits, un autre en offre une corbeille à la Sainte-Vierge, un troisième, auprès de Saint Joseph assis, lui montre le ciel, 50 c. sur 40 (sépia).

167 **Leprince** (1777). — *Paysage* avec femme, enfant, chien, chaumière, cours d'eau, pont rustique, grands arbres (crayon).

168 Du même.— *Lavandière étendant du linge* (sépia).

169 Du même.— *Portrait de Turcs* (deux crayons).

170 Du même.— *Portrait de Femme* en costume oriental (sanguine).

171 **Largillière**.— *Portrait d'Homme* (peinture à l'huile).

172 Du même.— *Portrait de Femme*, ornements dorés sur le costume. 34 c. sur 25 c., (dessin aux deux crayons).

173 **Lebarbier** (1767).— *Paysage* avec figures et animaux. Extérieur de fortification (aquarelle).

173 A Du même.— *La mort d'une Sœur* (sanguine).

174 **Larue**.— *Chevalier armé* prête serment sur l'Evangile que tient sur ses genoux un évêque assis (sanguine).

175 **Loys**. — *Portrait de Religieux* (sanguine).

176 **Ligorio**.— *La Vierge étendant sa protection sur le Pape*, fondateur de l'ordre des Franciscains. Vente de Julienne (sépia). P. 125. N° 354

177 **Lépicié**.— *Portrait de jeune femme* (crayon).

178 Du même.— *Portrait de Femme* (crayon).

179 **Lajoue**.— *Modèle d'un petit flambeau*.

180 **Lepautre ou Lepôtre**.— *Vue de Versailles*.

181 Du même. » »

182 Du même. » »

183 Du même. » »

184 Du même.— *Place des Victoires à Paris*, grande revue autour de la statue, défilé des archers, écuyers officiers, etc.

185 **Lemoine**.— *Bacchanale d'Amour* (plume).

186 Du même.— *Projet d'une fontaine jaillissante*, Neptune, naïades et lions (plume).

187 **X**.— *Façade d'un château*, avec pièce d'eau, parterre (lavis).

188 **X**.— *La mère et l'enfant* (plume).

189 **X**.— *Décor*, intérieur d'appartement.

190 **X**.— *Dessin*, d'après l'antique.

191 **X**. — *Décoration d'appartement*, style Louis XV.

192 **X.** — *Façade de la pompe du pont Notre-Dame*, style Renaissance, avec l'inscription suivante :

SEGVANA CVM PRIMVM REGNÆ
ALLABITVR VRBI, TARDAT PRÆCIPITES
AMIBTIOSVS AQVAS
CAPTVS AMORE LOCI CVRSVM OBLIVISCITVA.
ANCEPS QVO FLVAT, ET DVLCES NECTIS
IN MORAS
HINC VARIOS IMPLENS FLVCTV SVBEVTE
CANALES FONS FICRI ÇAVDE QVI MODO
FLVM EN ERAT

193 **Machis.** — *Arc de Triomphe* et monuments Romains (plume).

194 Du même. — *Obélisque Egyptienne*, sur une place publique de Rome près d'une porte de la ville entourée de monuments religieux (crayon).

195 Du même.— *Arc de Triomphe* et partie du Colysée.

196 Du même.— *Six Dessins*, intérieur et extérieur de monuments et sujets mythologiques.

197 Du même. — *Dessin allégorique.* La Nature et l'Art couronnant la République. On lit au bas du dessin : « Le comité autorise l'autorisation, ce Messidor an III ». Signé : Massieu.

198 **Louis Moreau.** — *Paysage*, avec château et maison d'habitation au bord d'une rivière (aquarelle).

199 **Carlo Maratti.**— *Vierge et Enfant-Jésus.*

199bis **Marco d'Ogione.**— *Sainte Famille* (sanguine).

200 **P. Mignard.** — L'*Ange gardien* présente une jeune fille à la Sainte Vierge et l'Enfant-Jésus.

201 **Merlin.** — *Le torrent* (sépia).

202 Du même. — *Moulin sur la rivière* (aquarelle).

202 A **E. Mazelles.** — *Portrait d'homme.*

203 **J.-M. Moreau le Jeune** (1777). — L'*Arrivée au château.* — Intendant indiquant l'avenue du château à une grande dame qui vient d'arriver, touchant la main à un compagnon de voyage tout en regardant les porteurs de ses bagages. 18 c. 1|2 sur 15 (gouache).

203bis **Ménesès Osorio.** — *Immaculée Conception* (sanguine).

203ter **Monnot,** Rome (1758). — *Prince à genoux devant le pape Benoit XIV.*

204 **X.** — *Allégorie.* — Scène mythologique. Paysage. Vénus et Endymion endormi, petits amours. (Dessin au crayon sur vélin.)

205 X. — *Scène mythologique.* — Femme assise sur un monticule. Personnage debout regardant le soleil (dessin sur vélin).

206 X. — *La Transfiguration,* d'après le tableau du Vatican (dessin aux deux crayons).

207 X. — *Paysage* avec kiosque et figures (lavis).

208 **Natier.** — *Portrait de femme* (deux crayons).

209 **Natoire.** — *Portrait de femme* (deux crayons),

210 Du même. — *Etude de guerrier* (sanguine).

211 Du même. — *Mère et son enfant* (étude).

212 Du même. — *Etude d'homme.*

213 Du même. — *Guerrier en extase.*

214 Du même. — *Ebé et Jupiter* (lavis).

215 Du même. — *Le martyre de saint Ferréol.* — Le tableau regardé comme le chef-d'œuvre du maître était placé dans le chœur de l'église de Saint-Ferréol (Les Augustins). Il a été enlevé par suite des réparations intérieures faites à cette église et depuis n'a plus été replacé.

216 **Nicolo dell'Abate** (élève de Raphaël Sanzio et de Léonard de Vinci). — *L'Inspiration.* — Femme nue assise, le regard fixé vers le ciel, près d'elle groupe d'amours (lavis).

217 X. — *Etude de femme* (sanguine).

218 X. — *L'Abbé Terray,* contrôleur général des finances. D'après le peintre suédois Roslyn. Gravé par Catelin.

219 **Adrien Van Ostade.** — *Intérieur de ferme :* charpente rustique, homme vu de dos près le foyer de la cheminée ; ustensiles divers (crayon pierre noire).

220 **Oudry.** — *Vue des bains d'Appolon* avec figures.

221 Du même. — *Vue d'un château* avec figures (plume).

222 **Prud'hon.** — *Paysage.* — Faune pris au filet par cinq jeunes nymphes des bois (dessin).

223 Du même. — *Portrait de femme* (trois crayons).

224 Du même. — *Le Temps*, sous la figure d'un vieillard ailé, dicte l'histoire pour la postérité ; avec reproduction par une eau-forte.

225 **Parrocel.** — *Un cavalier* (lavis).

226 Du Même. — *Marche d'un Corps d'Armée.*

227 **Bonaventure Peters.** — *Bourrasque.* — Naufrage de navires, sauveteurs sur le rivage (lavis).

228 **Nicolas Poussin.** — *Vue des environs de Rome* (sanguine).

229 Du même. — *Etude de Femmes* (sanguine).

929 A Du même. — *La fuite en Egypte* (plume).

230 **C. Poelenburg.** — *Moïse sauvé des eaux.*

231 **Paninni.** — *Ruines romaines* avec figures (lavis).

232 **P. Puget.** — Décoration du vaisseau *Le Terrible* (lavis).

231 **Pater.** — *L'après-midi dans un parc.* — Quatre dame dans un parc, jeune page, genoux à terre, offrant une corbeille de fleurs à l'une d'elles (plume) 43 sur 60.

234 **Philippe de Champaigne.** — *L'Assomption de la Vierge* (dessin rehaussé de blanc) 39 sur 48.

235 **Primatice.** — *Etude de Femme* (lavis)

235 A Du même. — *Adam et Eve dans le Paradis terrestre* (lavis).

236 **Peyron.** — *Scène dramatique.*

237 **X.** — *La Sainte Trinité* entourée d'anges et de chérubins (plume).

233 **X.** — *Gardes Françaises,* étude (sanguine).

239 **X.** — *La Visite des Anges à la Naissance du Sauveur* (miniature).

240 **X.** — *Le Pater,* manuscrit en langue anglaise du XVIe siècle, avec enluminure (vélin).

241 **Rigaud.** — *Portrait d'homme.*

242 Du même. — *Portrait d'homme* (sanguine).

243 **Reattu.** — *La Calomnie,* composition de Raphaël, dessinée sur la description de Lucien. La Calomnie traîne un innocent devant le souverain qui doit le juger. L'Artifice et le Soupçon entourent ce dernier. L'Envie, la Jalousie et le Mensonge semblent accuser la victime, ils sont suivis du Repentir qui presse la Vérité de venir au secours de l'accusé.

244 **Raffet.** — *Mort de Napoléon Ier* (lavis).

245 Du même. — *Portrait lauré de Napoléon Ier* (crayon).

246 **Raoux.** — *Portrait de jeune fille* (sanguine).

247 **Rembrandt.** — *La Tentation du Christ* (esquisse peinte).

248 **Raphaël Sanzio d'Urbino.** — *Le couronnement de Charlemagne,* roi de France, 1er empereur d'Occident, par le pape Léon III. Le tableau se trouve dans les Loges du Vatican. Vaste salle partagée par un grand velum qui laisse apercevoir d'autres appartements. Trône pontifical placé au haut d'un escalier. Moment solennel où le pape Léon III met la couronne impériale sur la tête de Charlemagne, agenouillé devant lui, ainsi qu'un page portant sur un coussin la couronne royale de France. Nombreuse assistance de religieux, les uns mitrés, les autres têtes nues. Gardes, nobles, chambellans, serviteurs vêtus de riches armures : tribune où apparaissent quelques personnages. Au premier plan, hommes mi-corps vêtus aux types raphaelesques, portant de grandes amphores et un meuble, obéissant aux ordres d'un maître des cérémonies leur indiquant où ils doivent passer pour aller dans une salle préparer le grand festin qui suivit le couronnement. Ce dessin a été vendu à la vente Gibelin la somme de 1.800 fr. (lavis). Largeur, 55 sur 38.

248A **Robert Hubert.** — *Vue de Rome.* — Lavoir souterrain avec lavandières, personnage et statue de bronze (gouache). Largeur, 34 sur 25.

249 **Ruysdaël.** — *Paysage,* avec personnages et animaux. Ciel couvert, premiers plans éclairés par des faibles rayons de soleil (aquarelle). — Largeur, 38 sur 28.

250 **N.-F. Regnault.** — *Le Lever.* — Dans une chambre à coucher, une jeune femme debout, de face et demi-nue est en train

de se faire passer sa chemise par sa camériste, pendant qu'une autre femme, à droite, et à genoux sur un tabouret, chauffe quelque chose devant la cheminée, à moitié cachée par un riche écran. Un épagneul, monté sur un fauteuil, à gauche, saute sur sa maîtresse qui le caresse (gouache). Largeur, 15 sur 10.

251 **Ribera.** — *Martyre d'un Saint* (lavis).

252 Du même. — *Berger et ses chiens* (sanguine).

253 X. — *Paysage et Monuments* (aquarelle).

254 **Swebach fils.** — *Le Goûter.* — Jeune seigneur et noble demoiselle richément costumés, goûtent des pâtisseries devant un chien lévrier, qui les regarde et semble être désireux qu'on lui en donne : dans un panier petits mannequins de Guignol, balle, raquette, etc. Riche appartement (lavis).

255 **Sigalon.** — *Etude d'homme* au trait.

256 Du même. — *Magnifique aquarelle* représentant une grande place d'une ville d'Espagne, avec son hôtel de ville et son beffroi crénelés. Autres monuments publics peuplés de statues, nombreux personnages.

257 **Salvator Rosa.** — *Campement de soldats.*

252 Du même. — *Soldats jouant à la morra.*

259 Du même. — *Portrati de Adrianus Sialben Victor.*

260 **J.-Ant. Sogliano.** (1530, Florence). — *3 dessins allégoriques*, projet de plafonds.

261 **Swebach père.** — *L'assaut* (lavis rehaussé de blanc).

262 **Solimène.** — *Paysage.* Nymphes, Faunes et Satyres (plume).

263 X. — *Le mariage mystique de sainte Catherine* (plume).

264 X. — *Portrait de femme* (Louis XV).

265 X. — *Portrait de femme*, 1830 (aquarelle).

266 **A. Tachel** (d'après Rembrandt). — (Dessin à l'encre rouge).

267 **Torro.** — *Buire*, panse entourée d'amours, anse avec cariatide, goulot avec mascaron, socle entouré de dauphins (dessin).

268 **Tintoret.** — *L'Assomption de la Vierge* (lavis).

269 **Thierriat** (1824). — *4 dessins aquarelles.*

270 X. — *Allégorie* (dessin).

271 **X.** — *Portrait de femme* (aquarelle).

272 **Joseph Vernet.** — *Paysage*, marine. Personnages sur le rivage (plume).

273 **Carle Vernet.** — *Campagne de Napoléon Ier*. Paysage avec ferme, groupe de militaires en marche diversement vêtus, sous la conduite d'un chef arrêté qui demande des renseignements à un habitant de la contrée (lavis), largeur 42 cent. sur 28 1/4.

274 Du même. — *Pendant du précédent*. Paysage, halte de soldats préparant le repas, artilleurs à cheval gravissant un monticule.

275 **Vander Werf.** — *Le bon jardinier* (sanguine).

266 **Ignace Duviers.** — *Choc de cavalerie* (lavis rehaussé de blanc)

277 **Vicoli.** — *Etudes* (sanguine).

278 **Vandermeulen.**— *Deux dessins de cavaliers.*

279 **Léonard de Vinci.** — *Enfant* (sanguine).

280 **Vien.**— *2 portraits de femme* (plume).

281 Du même. —*Foule de citoyens armés*, défilant devant la statue de la Liberté.

282 **Viney.**— *Portrit de Buonaparte*, 1er consul (gouache).

283 **Vander Neer.** — *Effet de lune*, rivière, bateaux, figures et habitations.

284 **Carle Vanloo.** — *Portrait de turc* (sanguine).

285 Du même. — *Portrait de jeune homme* (sanguine).

286 **François Vanloo.** — *Moine en extase* (sanguine)

287 Du même. — *Projet de statue* (sanguine).

288 **Paul Veronèse.** — *Les noces de Cana.* — Sur le dos du dessin, la première pensée de composition (lavis rehaussée de blanc), largeur 48 sur 28.

289 **V. D. 17.** — *Projet d'un monument* à trois arcs et quatre trophées : frises à chaque pilastre, faisceaux de licteurs surmontés du bonnet phrygien, avec devises politiques.

290 **Vatelet.** — *Paysage* avec figures et cours d'eau (gouache).

291 Du même. — *Dessins de vitraux.* — Armoiries d'un cardinal

292 Du même. — *Dessin blason* (1617). 2 figures : la Jutice, la Foi, etc.

293 Du même. — 9 dessins divers.

294 Du même. — 2 dessins.

295 **Watteau.** — *La fête villageoise.* — Jeune fille qui danse au son d'un tambourin, chiens qui dansent et qui excitent le rire de jeunes filles qui les regardent, nombreux spectateurs villageois et autres dans des costumes et des poses variées (sanguine).

296 Du même. — *2 personnages de la Comédie italienne*, genre Watteau.

297 Du même. — *2 personnages de la Comédie italienne*, genre Watteau.

298 Du même. — *Trois seigneurs*, costumes Louis XV.

299 **Valbelle de Valbelle.** — *Projet de tombeau.*

300 **Francesco Vanai.** — *Sainte famille.*

301 **X.** — *Portrait d'homme,* vu de dos (plume).

302 **Tadeo Zucchero** 1529-1566. — *Moine en prière* (dessin).

303 5 dessins, 4 figures, 1 étude d'oiseaux.

304 **Ziem** (d'après). — *Vue de Constantinople* (aquarelle).

305 **X.** — *Appolon jouant de la guitare sur un dauphin.*

306 **X.** — Portrait d'homme (plume).

307 **X.** — *Jeune fille en prière* (lavis).

308 **X.** — 6 dessins divers.

309 **X.** — 3 feuil., 3 dessins, étude de femme et paysage (sanguine).

310 **X.** — 3 feuilles, 3 dessins divers, études.

311 **X.** — *Jeu de paume.*

312 **X.** — *Une pièce d'eau,* château et appartements.

313 **X.** — 3 études d'homme.

314 **X.** — 3 » »

315 **X.** — 3 » »

316 **X.** — 6 études diverses.

317 X. — 6 dessins divers.

318 X. — 6 » »

319 X. — 6 » »

320 X. — 3 dessins. — Vue du palais de la Vigne de Jules III : Façade géométrale du palais du pape Jules III ; Plan géométral du palais de la Vigne du pape Jules III à Rome.

321 X. — Façade et fond d'autel d'une église de France.

322 X. — Plan du nouveau palais des prisons, des places et des rues anciennes d'Aix ; exquisse de l'ancienne tour du palais d'Aix démolie en août 1779. Dessin de M. Ledoux.

323 X. — Plan du rez-de-chaussée de l'Hôtel de Ville de Paris dont la cour était décorée en salon où s'est donné le bal du 28 février 1745, à l'occasion du mariage de Mgr le dauphin et de Mme Marie-Thérèse d'Espagne.

Les encadrements des notices sont de style Louis XV, entrelacés par des roses et des dauphins à l'aquarelle.

324 X. — *Plan de la Bastille,* à Paris.

325 X. — *Plan et vue du Château de Chambord.*

TABLE

www.ingramcontent.com/pod-product-compliance
Ingram Content Group UK Ltd.
Pitfield, Milton Keynes, MK11 3LW, UK
UKHW021634260726
13994UKWH00003B/1187